눈부시게 빛난 적 있었던가

눈부시게 빛난 적 있었던가

시산맥 기획시선 155

초판 1쇄 인쇄 | 2025년 8월 1일
초판 1쇄 발행 | 2025년 8월 5일

지은이 제해석
펴낸이 문정영
펴낸곳 시산맥사
편집주간 김필영
편집위원 최연수 박민서
등록번호 제300-2013-12호
등록일자 2009년 4월 15일
주소 03131 서울특별시 종로구 율곡로 6길 36. 월드오피스텔 1102호
전화 02-764-8722, 010-8894-8722
전자우편 poemmtss@naver.com
시산맥카페 http://cafe.daum.net/poemmtss

ISBN 979-11-6243-611-0 (03810) 종이책
ISBN 979-11-6243-612-7 (05810) 전자책

값 12,000원

* 이 책은 전부 또는 일부 내용을 재사용하려면 반드시 저작권자와 시산맥사의 동의를 받아야 합니다.
* 이 책은 교보문고와 연계하여 전자북으로 발간되었습니다.
* 본문 페이지에서 한 연이 첫 번째 행에서 시작될 때에는 〈 표기를 합니다.
* 저자의 의도에 따라 작품의 보조 동사와 합성 명사는 띄어쓰기가 달라질 수 있습니다.

눈부시게 빛난 적 있었던가

제해석 시집

| 시인의 말 |

설익은 감 한입 베어 물고
소소한 삶의 궤적을 반추합니다
은유나 서정적 이미지로
깊은 울림의 족적을 남기고픈
성급한 의욕 솟구치지만
벼도 익어야
고개를 숙인다 했던가요
언젠가
농염한 맛 무르익을 때까지
지향의 촛불을 끄지 않겠습니다

2025년 한여름,
제해석

■ 차례

1부

까치 소리에 잠을 깨다	19
도시의 기원	20
황태를 재구성하다	22
꽃이 지는 이유	24
나비의 도정道程	26
빗소리	27
계단	28
제단의 시선	30
지지 않는 꽃	31
일단정지	32
꽃병아리 난장	34
숨	36
정수사 가는 길	38
선이 깨어지면	40
낮달이 곱다	42
에로틱 송년회	44
빛은 바람에 흔들리지 않는다	46
어머니의 강	47

2부

월동	53
초복의 심사	54
골목길 냄새	56
설마 했는데	57
서울로 간 봄	58
경칩	59
관계의 정의	60
고요의 기억	62
실종	63
계절맘	64
새의 종種	65
아직은 기대해도 좋은 청춘입니다	66
눈 감고 읽어야 보인다	68
유수지의 봄	69
별은 여름밤에 더욱 빛난다	70
명의	72
보리밭	73
꿈꾸는 계절	74
경계의 파수꾼	75

3부

장미의 비명	79
合竹扇	80
고정관념	81
별들이 스러진다	82
封印 풀리다	84
바람에 마른 가지는 흔들리지 않는다	86
그 무덥고 긴긴 여름날	87
춘몽	88
붉새	89
소리의 의미	90
숫눈길	91
이슬 먹고 사는 가슴에 바람이 인다	92
부채의 저녁	93
무엇이 문제인가	94
공기의 무게	95
여전히 단풍	96
화선지 속의 穀雨	97
기적을 걷다	98
타월의 생	99

4부

그대 생각	103
선문답	104
까치발	106
안부	108
병상에서	109
한 뼘 관계	110
비는 내리고	112
봄의 부재	114
봄 한 분	115
알 것 같다	116
눈 녹듯	118
눈부시게 빛난 적 있었던가	119
유월	120
화선지에 떨어진 말	121
달빛 한가득	122
꽃이 지고 있다	123
밤공기는 무겁다	124
꽃은 꽃일 뿐	126

■ 해설 _ 아픔을 통과한 현실 세계에서 바라본 희망
　　문정영(시인) _ 129

1부

가볍게 더 가볍게

까치 소리에 잠을 깨다

정원에서 들리는 엿장수 가위 치는 소리

까치가 나에게 메시지를 주기 위해
아침부터 난장을 치나

눈 감은 채 가만히 귀 기울여보니
주방에서 달그락거리는 소리

아내가 아침밥 짓는 소리

두 눈 감고도 척척 읽어내는 따뜻한 소리

도시의 기원

산이 바다에 빠졌다

산을 삼킨 바다
햇살과 구름과 바람으로 숨을 쉰다

씻기고 깎인 아픔들
또 다른 산이 되고 계곡이 되고
한 덩어리에서 나뉘어져
다양한 성질로 몸값을 키운다

사이사이 파고드는
단단한 응집력이 결정체를 만든다
높은 데서 낮은 데로 흐르지 못하고
날마다 오르기만 하는 도시

하늘에는 수많은 별들이 있고
땅에는 수많은 생물들이 있지만
모래알보다 많은 숫자는 없어
사람들은 그곳에 둥지를 틀고
몸을 눕힌다

〈
고비의 원류 사하라의 꽃

사막의 열기 품은 도시는
날마다 뜨거운 숨 몰아쉰다

황태를 재구성하다

바다가 물 울음을 물고 날아오른다

한배를 타고 뭍으로 올라
별들의 귀엣말에 귀 기울이는
칠흑 같은 밤을 지나
얼음 갑옷으로 무장한다

사나운 눈보라에 휘둘리는 건지
휘두르는 건지
흔들흔들
덕장의 하루를 가로지른다

자진해 버리고 싶은 생각
깃털같이 털어내고
설국의 천만 대군과 맞서며
절개선 없는 어제를 이어 새롭게 태어나자고
이름 모를 골짜기의 바람이 된다

단단한 근육을 자랑하던 바다의 푸른빛
황금빛 겉옷 껴입는다

〈
슬픔과 기쁨의 물살을 가르던 파란만장과
퍼덕퍼덕 헤엄치던 명태라는 이름까지 버리고
낯선 세상으로 떠날 준비 서두른다

조여 오는 한기에 표류하던 삶을
가볍게 재구성한다

꽃이 지는 이유

엄격한 꽃의 계절입니다

햇살의 중력을 이기려고 뒤척이다가
나 몰라라 질펀히 내지르려다가
화농 같은 울음 터뜨립니다

하루는 불경을 꺼내 훑어보고
하루는 신약성서를 만지작거려보지만
그림자로도 내려앉을 겨를이 없어
귀를 뾰족이 밀어 올립니다

어느 삶이 옳은 삶이고
어느 생이 옳은 생인지

봄밤을 베고 누워 어둠을 파고들면
길을 끌고 다니는 꿈은 점점 더 길어집니다

내 안에 네가 있어도
네 안에 내가 있어도
〈

황혼을 몰고 오는 건
꿈이 아니라 몸이라고
신혼 방 전등불의 조도를 낮춥니다

무더기 무더기로 피어 무리를 일으키던 봄꽃
피는 시절이 따로 있고
지는 시절이 따로 있다며
봄밤 흔들던 바람에 기꺼이 지고 맙니다

나비의 도정道程

 지름 약 12,000km 둘레 약 37,680km 자전 속도 1초에 430m 공전 속도 1초에 30km로 우주공간을 날아간다 육지의 대동맥에서 번식한 에움길 지름길이 정맥을 이루고 있다 당신의 첫 발자국을 기다리는 숫눈길을 시작으로 우리 집 뒤안길, 고샅길, 논틀길, 푸서릿길, 오솔길, 후밋길, 자드락길, 돌서더릿길, 자욱길, 벼룻길, 실핏줄처럼 구석구석까지 날아갈 수 있는 인생길, 밤길, 꿈길, 황혼길 날고 또 날아다닌다 없는 길은 만들고 막힌 길은 뚫고 때론 급하게 때론 여유롭게 길 위에서 기생한다 이제 완주하지 못한 한 길만 남아있다 너도 알고 나도 알고 모두가 알고 있는 그 길, 가는 도정에 신선한 기운을 쏟으며 나비가 날고 있다 나풀거리는 가벼운 날개에 무거운 길이 동그랗게 감긴다

빗소리

가만히 귀 기울이면
촉촉하게 젖어 드는
참을 수 없는 그리움 같은
몇 날 몇 밤
마지막 한 잎 대롱거리는
가지 끝
덩그마니 얹혀있는 까치집
을씨년스럽기만 하던
봄과 가을을 아우르던
포근하면 포근한 대로
스산하면 스산한 대로
피부에 와 닿는 서늘한 공기
형용할 수 없는
치명적 유혹
오래오래 느끼고 싶은
그리하여
기다려주지 않는 시간 속으로
떠나고 싶은

계단

병원 복도가 북적입니다
더 이상
계단 오를 자신 없는 사람들

휘청거리는 양다리
난간에 억지로 의지합니다

얼마나 높고 가파르길래 저토록 두려워할까

주말마다 엘리베이터 타고 쉽게 가려는
사람들
교회 앞에 줄을 섭니다

복잡한 게 싫어서 걷습니다
종아리 근육을 키우고 폐활량을 늘려야
너끈히 오를 수 있을 것이라 믿었기에

오늘 하나를 버리고 또
내일은 하나를 지우고
살아오면서 켜켜이 쌓인 먼지까지 털어내고

〈
가볍게 더 가볍게
바람이 되고 구름이 되면
계단을 오르는 숨소리조차 들리지 않을 것입니다

얼마를 오르고 또 올라야 할까

계단이 있다는 건 아직
존재의 설명 없이도
오를수록 관점이 달라진다는 것

제단의 시선

껍질을 깨고 마음 렌즈로 비춰보면
단단한 알맹이 속
기대어 의지하던 중세의 삶이 있고
이집트 문명의 유적이 있다

봄비 내리는 주말 오후
수많은 생명이 스러져간
서소문 성지 작은 공소에서
신부님 강론을 듣는다

발부리에 차이는 것들 돌이라지만
어느 산 중턱에 구름 같은 인파들

저마다 소원을 기원하는
백팔 배 삼천 배가 될 제단 위
자비의 미소로 굽어보시는
돌에도 눈이 있고 생명이 있다는 그 말

지지 않는 꽃

낙엽 지지 않고 꽃잎 날리지 않는데

동해에서 이글이글 타오른다

한낮을 빨갛게 달구다가

지평선 너머 붉게 물들이는 노을

바닥에서 다시 핀다

만주 벌판에서

통영 앞바다에서

지지도 시들지도 않는 하늘의 동백꽃

일단정지

경계는 완성이다
아니,
수정할 수 있는 대치 관계다

휴전선으로 갈라놓은 남과 북
첨예한 표상인 경계 완성이라 할 수 없어
잠시 멈춤이라 해본다

경계의 구분은 두께가 아니다
그것은 통로요 소통의 자물쇠다

치부를 가려주는 비밀요새

냉온의 차단으로 지켜서 있다가
경호와 안락을 구분한다

대결과 평화의 중심선에서
열리고 닫히기를 수만 번

철벽같은 경계에도 두근거림이 있다

〈
어머니의 담장 안으로 기웃거리던
바람 단호히 잘려 나뒹군다

새 떼들은 오가고

꽃병아리 난장

해를 살라 먹고도 미련이 남은 곳
꽃이 나비가 되어서는 안 돼

꽃병아리 생떼도
쉰 울음으로 그늘을 만들고

싸늘히 지키던 길고 긴 겨울밤
간간이 찾아온 달빛이 친구 하던 자리
봄소식 듣고 실눈 기지개 켠다

오후 네 시 통제의 그늘을 벗어난
꽃들의 환호
손에 손잡고 삼삼오오 향하던 곳
등에 걸머진 노랑 가방 아랑곳없다

저마다의 색깔로 뛰고 뒹구는
꽃병아리 시들지 않는 난장

하비 이게 뭐야 묻고 또 물어도
꼭 깨물어주고픈 귀엽기만 한 꽃병아리

〈
어느새 봄은 물씬 향기를 토하리

그늘을 지우고 봄단장이 한창인
어린이 놀이터
꽃병아리들 설렘 하늘로 날아오른다

숨

죽음은 참 가볍다

한나절 매미 울음 쫓던 녀석
슬픈 눈으로 잠깐

-울지 않는 매미는 죽은 거야

잠자리채 들고 신이 났던 아이
날지 않는 잠자리를 보더니

-숨 쉬어, 숨 쉬지 않으면 죽어

일 미터 칠십오의 키에 칠십 킬로 무게
겨우 일센 티 되는 구멍 둘 뚫어놓고
한시도 쉬지 않고 숨을 쉬어야 한다
어쩌다 한번 실수도 용인될 수 없다
연습도 불가다
숨을 쉬지 않으면
맥 짚은 손 놓는 순간 시끄럽다
〈

매미나 잠자리처럼 그냥 가볍게
떠날 수는 없을까

청정 물속에서 몇백 년 사는 생물들
오염된 지상에선
천수를 누리지 못하는

숨이 멎으면 썩는 시간이다
거름으로 돌아가는 시간이다

정수사 가는 길

숲 사이로 허무가 흐른다

그늘 짙어 으스름 저녁 같은 시간
정적 속 굵은 물방울 하나 정수리 친다

꽃봉오리 열리는 길 위에 길을 내고

죽비 맞은 선승처럼 정신 바로 세우면
천제의 제단 아래 무릎 꿇고 향을 사르듯
청정한 마음으로 속진을 털어낸다

부처의 미소가 온화한
추녀 끝 풍경소리에도 세상 시름 잊는다

옷자락만 스쳐도 인연이라던
법문 소리 귓가를 맴도는데
시퍼런 이끼 마르지 않는 골짜기 따라
비산하는 물안개

산자갈 구르고 굴러 강자갈 되고

황혼의 무지개 서산에 걸린다

허기지고 외로운 나를 내려놓은
무의길
일체유심조가 그 길에 있다

선이 깨어지면

급성 녹내장으로 밤을
하얗게 새운 이튿날 백내장 수술받았다

안대 벗으면 밝은 눈으로 독서 마음껏 즐기리라

간절한 기대는 산산조각
이제나저제나 긴 시간과 사투를 벌이고 있지만
사물과 사물 사이 측정 불가다

만취한 취객 비틀대며 제집 대문 찾지 못하듯
젖은 숲속 달팽이 눈보다 더 어두운 시선으로
희망을 더듬으며 산다

이따금 실려 오는 가을 향기
장미의 정원 망초대 만발한다

시각과 후각을 집중하여
선의 중심 잡는다

빛을 피해 한쪽을 열면 한쪽은 절로 닫힌다

〈
화선지 펼쳐놓고 감긴 눈에 묻는다
어느 길이 선이고 어느 선이 길이냐고

기다림의 시간이 길어져도
기적 같은 광명의 그 날을 믿는다고

낮달이 곱다

형상은 있어도 그림자는 없다

꿈을 꿔본 사람은 안다
얼마나 간절한지

으스러지게 껴안아도
공허한 빈 가슴

까맣게 잊었다

지우고 살았다

해 질 녘 노을이 붉은 걸 알겠다

하늘 높아지고 기러기 울면
좋은 계절이지

낮달이 뜨는 실없는 단꿈에

설렌 가슴 아쉽다
차라리 깨지 말걸

에로틱 송년회

너는 일 년만 살아라
정해진 운명을 숙명처럼 지켜온 달력
먼저 떠난 선배의 뒷모습을 보는 듯 쓸쓸하다
만남의 소중함을 오래오래 누리자고
마음 모아 두 달마다 한 번씩 갖는 정기모임
돌곶이역 하차 1번 출구 70M 지점이다

한때 빛나던 청춘들
세월의 무게만큼 그 폼 나던 기개는 어디 갔나

석계역에서 환승해 돌곶이역에서 내렸는데
6호선을 6번 출구로 잘못 읽어
하늘만 빼꼼 보이는 삼단 계단을 올라
한참을 걸어도 찾아가는 상호는 보이지 않는다
꽃집 아주머님에게 물어물어 찾아간 장소

늦은 게 미안해 선배님께 실없이 너스레를 떠는데
더 늦게 온 공 여사 왈

-이상한 곳에 장소를 정해서 사람을 힘들게 해

〈
들곶이도 아니고 돌보지가 뭐야 흉하게

들곶이와 돌곶이
알고 보면
점 하나 때문에 오독한 지각생 공 여사 아이러니

빛은 바람에 흔들리지 않는다

바람 없어도 절로 흔들리는 우리네 인생
무게중심 잃은 풍선처럼 떠다닌다

매 순간 흔들리는 마음

가도 가도 끝이 보이지 않는
방황의 끝에서도
한 줄기 빛
바람에 흔들리지 않았다

그림자 없는 신비의 빛으로
제 몸 감싸면
나는 이름 모를 행성에서
홀로
반짝이는 별이 되겠지

어머니의 강

어머니를 목청껏 부르면
물머리 돌린 강물이 하늘로 길을 낸다

만물을 창조하신 하느님처럼
나를 위해선 안 될 일 없는 어머니

눈물과 한숨을 먹고 웃자란 달이
만월이 되었을 때
문어의 어미가 된 어머니 하늘에 별이 되었다

세상은 하얀 어둠 속에 묻히고
밤마다 꿈마다 애타게 불러도
메아리는 허공의 안개처럼 흩어진다

지는 낙엽도 봄을 기약하는데
한 번 가면 두 번 다시 잡을 수 없는 손

어미의 어미가 되어서도
아비의 아비가 되어서도
어머니 영원한 우리 어머니

時 또는 詩

가슴 밑바닥으로부터
폭발한 활화산
터질 듯 벅찬

그 무엇도 받아들일 수 없는
철저하게 격리된

불가항력 앞에
죽음이 답이라 생각될 때

때론 목적도 없이 떠나
기약 없이 기다리다

나를 비우고 깊은 사색에 빠질 때
얻어지는 것

그래서 진한 피 냄새가 나고
짠내가 나는 것

마음과 영혼이 연결되는 그것

〈
오롯이 함께 느낄 수 있는 그것

2부

그냥 건널 수 없습니다

월동

컴퓨터 전원을 끈다 예민한 손끝에 휘둘리던 생이다

짧게 이어 붙여 만들던 계절

하늘의 기세 새파랗게 높아지면

줄곧 내달리던 습성 감추고 캄캄해진다

초복의 심사

찜통더위 속 삼계탕집이 북새통이다
더위에 건강을 지키겠노라고
가족을 대동하고
황급히 달려가서 받은 번호표

아버지 기일과 맞물린 이맘때
어린 손에 받아 든 수감 번호 몇 번이었을까
전란의 회오리 속에서 영문도 모른 채
닭장 속으로 끌려간 아버지
이열치열이라고 날씨보다 더 뜨거운 뚝배기
그들은 어떻게 견뎌냈을까

영계를 실은 트럭이 굉음을 내며 달려간다
어둠을 헤치며 어디론가 한없이
덜컹대는 흔들림
비명도 없이 제 몸을 내어준 뽀얀 살점을
양심의 가책 없이 뜯는다

티브이에서는 특검을 위한 국회 청문회가 한창이다
〈

부드럽고 연한 살코기에 진한 국물 맛
사람의 입맛에 따라 그 맛을 달리하겠지만

좌측에서 먹으나 우측에서 먹으나 삼계탕

영계로 사육되었으니 숙명이라고 하지만
삼복을 넘기려면 얼마나 울어야 할까

골목길 냄새

겨울 해는 한 걸음이다
어둠은 골목에서 시작되고
희미한 가로등 그림자 흔드는
뜨끈한 김치 콩나물국 내음
아무렇게나 이마 맞대고 있다
겨울이 놓은 덫에 걸린 구부러진 길
덜컹 무게중심은 무너지고
하늘도 덩달아 내려앉았다
골목이 부서지던 날 이웃들도 흩어졌다
경쟁하듯 늘어난 고층 건물들
골목은 거리가 되고
정돈된 거리는 소음으로 채워지고
찬 바람 부는 고층빌딩 사이로
쿰쿰한 골목의 냄새
아직도
내게서 빠져나가지 못하고 코끝을 맴돈다

설마 했는데

놓지 못하는 권력은 없다

미련을 버려라
놓는 것이 함께 사는 길이다
무거운 어둠을 걷어내기 위해
한기를 온몸으로 견디며
새벽을 부르는 저 촛불
거리가 가까워질수록 함성이 고막을 찢는다
탄핵이라는 응원봉이 춤을 춘다
이십일 세기 선진 대한민국에서

서울로 간 봄

튀르키예 시리아 지각변동

한반도의 저출산

동토의 대지 위에 꽃은 피어도 봄은 오지 않는다
도시로 간 청춘들 들숨 날숨일 때
버리고 떠난 토양 위에 잡초는 제 영역을 넓혀가고
등 굽은 황혼의 한낮 그늘
한숨으로 지키고 있다

명자꽃 곱게 피고 버들강아지 눈 떠
양지바른 곳 비스듬히 누운 황소
지긋이 눈 감고 되새김질하고

해맑은 아이들 웃음소리 가득했던
그때가 천국이었던 것을

정겹던 고향집
휑하니 찬 바람만 스쳐간다

경칩

계절은 돌고 돌아 다시 제자리
찬란한 꽃으로 피어나지만
황혼의 인생은 다시 피기 어렵다

거칠고 투박하던 질곡
윤회의 이랑에 쟁기 꽂으면
세월 내려놓은 깃털 같은 무게

터지는 꽃망울 웃음소리에
겨우내 묵혔던 근육 불끈 힘이 솟고
개구리 기지개 켜고 나온다

석양의 노을은 밤을 지나
시린 바람으로도 봄꽃을 피우겠지
따뜻한 온기로 피어나겠지

관계의 정의

갈바람에 날리는 낙엽 같은 마음도
태산처럼 버텨내야지

아직 회복 기간이라
먼 길 조심스럽다고 다독이는데
남해안 그립다고 보채는 마음

한생을 동고동락했지만
마음은 언제나 앞서가고
몸은 자제를 요구한다

첫돌 앞둔 미소가 애간장 녹인다

생각의 창은 무한대로 열려있지만
소통의 통로는 웃고 울며 칭얼대는 것

단풍잎 곱게 물든다
천 리 길을 오간다
등에 만근 침상을 짊어진 몸이
첫돌 맞이한 아이 모습이다

〈
시선 닿는 대로 발길 닿는 대로
변화무쌍한 마음
행할 수 있을 때만
넉넉히 잡아주고 동행하는 몸
우리는 하나일까 둘일까

고요의 기억

선은 긴장한다

세 이레 동안 잡인을 금한다는
금줄 내걸리는 날
우린 하나라는 것을 알았다

중력의 무게 달콤해

참새들 재잘거림과
잠자리 날갯짓으로 계절을 읽는데

햇볕과 바람마저
고요와 정적으로 흐르는 마당

아이들 웃음소리 사라지고

축 처진 선 위에는 거미가 산다

씨 없는 포도밭 녹슨 빨랫줄
구름 없는 하늘에 낮달이 외롭다

실종

 쌓이는 줄만 알았던 것들이 없어졌다 많은 굴뚝에서 수많은 인력이 밤낮을 가리지 않고 생산하는, 백 년을 두어도 썩지 않는다는 것들 많은데, 없다 아니다 오리무중이다 대가족제도가 붕괴하니 사촌이 없어지고 부모님이 떠나시니 형제자매가 소원하다 냇가에 시냇물은 푸른 이끼를 만들고 동내 아낙들 빨래터 흔적만 남았다 고만고만한 동무들 물놀이장 되었던 그 많은 물 어디로 숨었을까 온종일 땀에 젖어 사시던 아버지, 호미 들고 잡초 매던 어머니, 할머니, 할아버지, 마당에 깔던 멍석도 외양간 소죽 쑤던 가마솥도 코 찔찔 흘리던 봉석이 봉한이, 날갯짓이 빛나던 꾀꼬리, 종달새, 고목나무 꼭대기에 앉아 액운을 쫓아주던 부엉이 올빼미 없어진 지 오래다 야산 계곡에도 물이 마르고 동네 우물물도 마르고, 어린애 우는 소리, 개 짖는 소리, 수탉 우는 소리, 염소 우는 소리도 기억 속 어렴풋이 흔적만 남겨두고 변화무쌍한 세월 따라 떠났다 실종이다

계절맘

쪽빛 하늘 그리다 창을 연다

고양이 조는 양지에
매화꽃 망울 틔워
기어이 불 지르고 마는 짓궂은 봄

눈물처럼 흘러내리기도 하고
호수처럼 서늘하기도 하지만
회오리가 일 때면
빛보다 빠르게 돌변한다

미운 자리 고운 자리 마음에 꽃자리

강물처럼 흐르면 그뿐

새의 種

날마다 날개 없는 새들 날고 있다
알지도 느끼지도 못하는 어느새
기나긴 밤을 홀로 새우는 밤새
무서리 낙엽 따라 슬피 울던 으악새
세상에서 가장 빠른 눈 깜박할 새
막아도 막아도 벌어지던 틈새
마음과 마음을 이어주는 이음새
맛의 풍미를 더 해주는 냄새
형체 없는 바람 높새
물결에 떠밀려 모래성 쌓는 목새
기와집 지붕에 둥지 틀어 영원히
변치 않던 한 쌍 암막새와 수막새
언제 어디 어느 곳이든
척척 들어맞는 쓰임새
먹지 않으니 배설할 일 없고
날개 없어 도망갈 일 없는 새
닭을 새라 부르지 않는다
그새 낌새
날개 없는 무수한 새들이 날고 있다

아직은 기대해도 좋은 청춘입니다

곁눈질하다 두 눈이 마주칩니다
그림에서나 봤을 완벽한 미의 여신

고개를 돌렸다 다시 한번 놀랍니다
옷은 매미 날개 같은데 걸음걸이가 불편합니다

무슨 말을 했는지 기억의 저편으로 흩어지고

우린 함께 걸었습니다

발을 헛디딘 그녀가 기우뚱 쓰러집니다
반사적으로 나는 그녀를 끌어안습니다

냇물이 불어 그냥 건널 수가 없습니다

대형 트랙터를 타고 건넜습니다
어느 시장 모퉁이를 돌아 나왔는데
잠이 깬 것입니다

어떻게 해야 다시 꿈속으로 들어갈 수 있을까요

〈
잠은 들지 않고
어깨만 저려 움직일 수 없습니다

나 좀 일으켜 주세요

눈 감고 읽어야 보인다

미운 자식 떡 하나 더 준다고 했든가

둘이 하나였는데 하나가 둘이 되었다

호박에 줄긋는 심정으로
다듬고 문지르고 고운 분 바르고
카메라 앞에서 포즈를 취한다

입대를 연기하며 속 썩이던 녀석

-엄마 가족사진 한 장 보내줘

잊고 살았던 미소

거울 앞에서도 무심했던 내가
카메라 앞에서 이렇게 환하게 웃을 수 있다니

마음이 힘들 땐 사진을 찍자

유수지의 봄

사월의 함성이 일어난다

늘어진 버드나무
꽃가루 흩날리며
민초들 의식을 깨운다

바스러지는 건초더미 아래
사월의 새순 돋아난다

푸르뎅뎅한 구정물 헤치고 나온
탐스러운 초록

인간이 버린 양심 감싸안고
사월이 부활하고 있다

별은 여름밤에 더욱 빛난다

빛과 그림자는 공존한다

그림자 지우며 눈길 걷는다

순간의 방심 삼 년
직무 유기 십 년
수신제가 못 하면 한평생

날마다 맑은 날 아니듯
비틀거리는 세월
빛의 중심 관통한다

궤도 벗어난 브레이크 없는 질주
방황의 끝에서
놓아버린 줄

아무도 없다 고요하고 적막하다
무수한 별들 반짝인다

별의 기원을 생각하면

그리움이 밀려온다
한층 더 밝아진 한여름 밤의 별

명의

상하좌우 오르내리는 열 손가락
가야금 줄을 탄다

내부의 마그마가 데워지고
전신의 세포가 융기한다

진양조장단이 자진모리장단으로 넘어갈 때
금단의 빗장 풀려
팽창하는 힘

신들린 듯 우아한 손놀림으로
꺼져가는 생명에 불씨 붙인다

세상엔 병원도 많고 의사도 많다

삼시 세끼 챙겨주는 가정 주치의
정신건강 산실의 전망 뷰 카페
가야금 타는 마사지 샵 명인

가늘고 긴 손가락 리듬에
기적은 날마다 일어나고 있다

보리밭

선 채로 끝없이 오르기만 하는 하늘이다

선의 경계가 선명한 계단식 보리밭
이랑마다 파릇파릇 생기를 더해간다

찌든 가슴에
순백의 화선지 펼쳐놓고
붓털 정제하면
뉘 감히 먹물 한 방울 튀길 수 있으리

소란을 잠재운 거리마다
시린 눈 녹으면 새 세상이 열리고
희망을 틔운 보리밭
흔들리며 흔들리며 익어 가겠지

꿈꾸는 계절

컴퓨터 전원을 끈다

부지런한 손끝에 끌려 이리저리
온종일 휘둘린
비록 짧은 순간의 쉼이라 할지라도
휴식은 치유의 시간이다

하늘 높고 기러기 지나면
꽃 피울 계절 준비하며
연두 새싹이 꽃대를 밀어 올리기까지
찢기고 할퀴고 투박해져도

길 없는 길을 따라 길을 내고
꿈 없는 꿈을 따라 꿈을 꾼다
아무도 가보지 않은 세계를 향해

경계의 파수꾼

기대 반 걱정 반
별것 아닌 것이 별것이 되고
그 곱던 피부
붉다 못해 흙빛이다

한정된 공간에서
긴장의 끈 붙잡고
삶과 죽음의 경계를 허문다

단절의 밤은 적막하다
동분서주 아우성치던 것이
행복인 줄 예전엔 몰랐다

건강은 건강할 때 지키라던
평범한 진리는 귓등으로 날리고

꽃의 웃음소리 들을 수 없듯
낙엽의 비명 들을 수 없다

여명이 터오는 눈부신 창가에
비둘기 한 쌍 부리를 맞대고 있다

3부

봉인을 풀다

장미의 비명

 오월은 희망하는 대로 피지 않는다 부드러운 숨결 가지 끝에서 가시의 뿌리가 먼저 솟아오른다

 깊숙이 박혀있던 아픔을 견디지 못해 서둘러 터져 나온다

 아무리 감추려고 해도 생장점 마디에 촘촘히 박혀있는 가시, 꽃마저 날카로울 수 없다고 외곽을 그러모은 괄호에 자신을 가두고, 햇살도 가두고, 바람도 가둬 다채로운 색깔의 꽃으로 핀다

 긴장도 어지간해야 견디어내는 것, 아랫도리 축축이 적신 진땀 내려놓은 한순간이 세찬 녹우를 몰고 와 수상한 오월을 지우고 있다 맺은 꽃이 또 지고 또 지고 화려한 빛 속 절없이 가지만

 오월은 겹겹으로 포개놓은 순정이다 치밀어 오르는 격정이다 지우고 돌아서도 다시 돌아보게 하는 장미의 비명이 있어 찬란하다

合竹扇

서른여덟 깃이 한껏 열린다
겨우내 곱게 접어 두었던 날개
다소곳이 그늘 뒤에서 나온다
전생에 숨죽이고 살아
바람을 안고 나온 날개 활짝 편다
강하면서도 부드럽고
부드러우면서도 강한
흔들리며 살아도 기품 있다
오늘은 어느 손끝에서 놀아볼까
나긋나긋 향내 나는 여인의 손끝에서
우직하고 뚝심 있는 남정네 손끝에서
접었다 펴기를 수없이 번복해도
애타게 기다리는 눈망울들

한여름 사랑은 합죽선에서 시작된다

고정관념

정오에 한 끼 식사 아침일까 점심일까

빨래는 바람이 말릴까 햇볕이 말릴까

꿈속에서 발길질했는데 발가락이 부러졌다
이게 꿈일까 현실일까

먹구름 속에서 태양을 보고
태산 오르는 물을 만난다

비행기 탔다고 모두가 여행 아니듯
지하철이라고 늘 콩나물시루는 아니다

죽어 보지도 않고 저승을 얘기하고
아파 보지도 않은 사람이 전문의라니

어느 유튜브가 죽지도 않은 사람
상을 치뤘다
좌는 울고 우는 웃었다
파리 쫓으려면 썩은 물 버리듯
바다 정화에는 태풍이 명약

별들이 스러진다

별을 가리는 건 구름이지
달빛은 아니다

해가 지고 달이 뜨고
별빛이 총총하고

별들이 분열하고
자연의 질서가 깨어지면
기다리는 건 공멸이다

잡아서는 안 될 손인 줄
뻔히 알면서
뿌리칠 수 없었던
정상에 대한 미련

후회는 후회일 뿐

별을 단 감격보다
높이 오른 희열보다
쏟아지는 질책들이 폐부를 찔러

〈
지금은 회한의 시간

별은 어둠이 짙고
하늘이 청량할 때
더욱 찬란하다

封印 풀리다

늘 비워두는 공간이다

밤이슬 바짓가랑이 적시듯
야금야금 틈을 비집고
병아리 멋대로 제집 지었다

혼자 살아본 사람만이 안다
채워지는 시간보다 비워내는 시간이
얼마나 힘이 드는지

꽃이야 잠깐 피었다 지면 그뿐
수적석천水滴石穿은 이룰 수 없다

자리를 내어주지 않겠다고
마음 굳게 다졌는데

제 흥에 겨운 녀석 몸짓 발짓
설익은 대화 엉뚱해서 웃다 보면
무장한 봉인 절로 풀리나
〈

아픔 없이 피는 꽃이 어디 있던가
오늘은 날마다 오늘이다

바람에 마른 가지는 흔들리지 않는다

바람과 바람이 부딪쳐도
흔들리지 않는 숲이 있다

깊이 더 깊이 뿌리를 내리고
거친 시간이 새겨놓은
상처가 아물 때까지

탕을 끓이는 데 필요한 건
살아있는 생가지가 아니다

바위에도 생명이 있고
구름에도 생명이 있다
보이지 않는다고 눈이 없고
잡히지 않는다고 힘이 없을까

숲의 함성을 들어본 적 있는가

살다 보면 바다가 숲이고
숲이 바다인 것을

그 무덥고 긴긴 여름날

태풍의 발원은 북쪽이었다
청춘들은 맨살로 무기가 되었다
산화하는 꽃이 되어
무더운 여름을 헤매고 다녔다
일상의 고요함이 닻을 내리고
부모형제 우애 속에 처자식과 더불어
웃음소리로 하루가 저물고
실하고 예쁜 꽃만 골라 자신들의 정원으로 옮겼다
기다려도 기다려도 끝내 내리지 않는 빛
산야는 푸르게 푸르게 우거지지만
우리는 알고 있다
그 무덥고 긴긴 여름날의 슬픔을

춘몽

나른한 오후
봄빛이 익어간다
쏟아지는 졸음에 깜빡
꿈속에 꿈을 꾸고
깨고 보니
곁에 잠든 고양이
눈썹이 하얗다
석양에 날리는 고운 저 빛
실눈 뜨고 돌아보니
내 모습
간 곳 없고
거울 속에 비친
조부님을 뵈었다

붉새

할아버지 얼굴이 대춧빛보다 붉다

날이 얼마나 가물려고

걱정과 한숨이 먼저 서낭당고개를 넘어간다

별을 밀어낸 전등불이 세상을 밝히고

서쪽 하늘에 오로라처럼 빛나던 붉새

어디로 날아갔을까

첫닭 우는 소리 새벽을 열면

별을 보고 계절을 읽던 귀에 익은 음성

-비가 오려나 어깨가 왜 이리 쑤시고 아프노

아련한 음성 가슴을 헤집는다

소리의 의미

무슨 미련 그리 많아 떼창으로 한밤을 지새우는가

어둡고 습한 칠 년 털고 나와
길어야 이 삼 주
이슬 먹고 목청껏 삼복을 데워도
한 많은 허물만 흔적으로 남을 것을

어제 같은 내일일지라도
봄날의 기억 높게 낮게 때론 강하게

열고 보나 닫고 보나 같은 말을 가지고
말로서 말 많은 서생庶生이다

숫눈길

염부들의 실수인가

세상에는 온통 새하얀 꽃 피었다

티 없이 맑고 순수한 꽃
차마 맨발로도 밟고 지날 수 없어
선 채로 망부석이 되고 만다

발바닥이 간지럽다

신혼방 촛불이 꺼질 때도
간지럼과 두근거림은 공존했을 것

세상의 멱살 잡고 흔들 호연지기도
닭목 하나 비틀 용기 없어도
호구지책에 켜진 하얀 신호등

시스템의 오류

빨간불 없어도 정지하는
저 순결의 정거장 갈등 역

이슬 먹고 사는 가슴에 바람이 인다

날리는 것은 꽃잎이 아니다

실없이 요절한 마음이다

은빛 물살 산란해 잡은 터

천만년 살 것처럼 부풀던

봉오리 다소곳하다

지지 않을 봄일 줄 알았는데

지난밤 비바람에 성한 곳 하나 없다

바람에 피었다 바람에 질 꽃

앵두는 꽃보다 열매가 더 곱다

꽃이 화려하면 열매가 부실하다

부채의 저녁

누구의 부채질인가
하늘 높은 줄 모르고 치솟는 가계부채
허리 한 번 펴지 못한 채 등으로 받아낸 햇살
농부의 베적삼은 염전이 되었다
우물가 한켠에서 등목을 마치면
모깃불 마주하고 심지를 돋운 어머니
모기를 을까 더위를 쫓을까
부채든 손길이 바빠진다
"그려 조금만 더 고생하면 남은 부채 다 갚고
참한 색시 만날 겨"
어머니 위로에 솟아나던 희망의 샘
부채 바람 재우고 짝 찾아 둥지 틀어
알콩달콩 꿀맛 같던 그 세월이
돌아보니 반백인데
키우고 가르치며 굽은 등이
혼수 준비 잔치 준비 맞바람을 맞았네
한평생 부채 바람,
엄니바람 희망바람 부채바람 절망바람
허허로운 부채의 저녁
석양에 노을은 그렇게 지고 있었다

무엇이 문제인가

클라이맥스 몰입

순간

빛의 속도를 초월하는 암흑
세상은 고요하고

꽁꽁 여민 사이사이로
집요하게 파고드는 한기

위험 감지
다중콘센트 차단기 작동
기막힌 장치다

콘트롤타워 오 작동 센스
인간관계에 그 좋은 차단기 없을까

오늘도 병원 문 나서며
자책한다

그때 좀 자중할걸

공기의 무게

학부모 어깨
비에 젖은 옷처럼 무겁고

취준생 합격 소식 부푼 공처럼 가볍다

형체는 없지만 시시때때로
달리하는 무게

보이지 않기에 잊고 살았고
붙잡을 수 없었다

병들어 죽는 줄만 알았지
들숨과 날숨에 무관심했던 시간

아가미로 숨 쉬는 물고기를 생각한다

이천오십 년 탄소중립을 손꼽아보면
길은 까마득한데 곳곳이 물난리다

여전히 단풍

비바람 지난 거리
빛바랜 잎새 어수선하다

한 시절 빛나든 청춘
한없이 낮은 자세로
바닥에 납작 엎드렸다

태초의 원류로 돌아가는 길
그곳엔 슬픔도 원망도 없다

모천으로 돌아가는 연어의 회기처럼

바뀌는 계절 낙엽이 피워 낸
꽃보다 예쁜 잎 하나

바람에 단풍이 진다

화선지 속의 穀雨

건기를 지나온 바람을 재운
심안의 백지 위에
비백을 조율하며
사계를 디스플레이 한다

중봉으로 무딘 붓을 세우면
감긴 농담

때론 강하고 묵직하게
때론 물 흐르듯
살아 꿈틀댄다

주제와 부제인
색의 의미를 자연이라 하자

흐리면 흐린 대로 맑으면 맑은 대로

단비를 기다리는 농부의 마음에
낙관을 찍은 날을 穀雨라고 쓴다

주말 농부 觀雨齋 主人 中一

기적을 걷다

5%로의 희망으로 기적을 갈구하며
버텨 온 지 4개월
이를 깨물어도 10분을 걸을 수 없다

구름 같은 의구심이 피어났다
대로변 인도에는 정체된 자동차

그 뜨거운 열기로
김매시던 어머님 모습 떠오른다

세상은 또 왜 이래
민주주의가 꽃피는가 했더니
혼돈 속으로 침몰하고 있다
정쟁이 끝이 보이지 않는다

육신은 영혼이 머무는 집이다
집은 낡아서 허물어져 비가 새어도
영혼은 아직 청춘이다

타월의 생

한 뿌리에서 태어나도
작명에 따라 운명은 정해졌다
판사 의사 농부 노동자
수많은 직분에 따라 한생을 살고 간다
너는 무엇으로 살았는가
항로 잃고 표류했던 난파선 같은 삶
세상을 밝히기 위한 촛불 같은 삶
세상의 젖은 것 더러운 것
가리지 않고 어느 한 세월
만신창이 된 몸
누가 아랴
네 삶의 무게를
젖고 마르기를 지켜본 바람과 햇볕만이 안다
아직도 낡은 타월 제 몸 말릴 틈이 없다

4부

법정원에 화선지 깔아놓고

그대 생각

당신은 황혼

태양 없는 나무도
그늘이 된다

저

겨울 무지개
무딘 가슴 훔친다

순수로 솟아나는
마음 비춰보는 거울

해그림자 달그림자 그늘도
지우지 말란다

발그레한 모습 흔들릴까
꿈길 밟고 오간다

삶이 버거울수록 더욱더 붉다

선문답

봄볕이 나른한 오후
현관문 소리에 귀를 쫑긋 세운 아이

네 엄마 오늘 늦을 거야
왜?
할 일이 많은가 봐
왜?
바쁜 때라 그렇겠지
왜?
철이 바뀌니까
철이 왜?
세월이 가니까
고개를 갸우뚱하는 아이

나도 몰라 왜 그런지
아는 건 네 놈이 내 손주고
내가 네 할미라는 것뿐

사람의 시간도 강물 같아서
그 기울어짐에 따라

빠를 수도 늦을 수도 멈출 수도 있는

강물이 바다고
바다가 구름이고
구름이 바다인

까치발

공부해라 공부해라 조금만 더 조금만 더
닿을 듯 닿을 듯
애간장이 타던
참으로 알고 싶은 것도
궁금한 것도 많았던
꿀밤을 맞으면서도 머리 디밀었던

안방의 기척을 예민하게 감청하며
숨죽여 까치발 서던

수없이
뒷굽을 들어야 했던

긴 목 늘이고
더 높이 더 멀리
기다림의 시간으로
십 센티 뒷굽 멋도 부리던

까치는 날아가고
까마귀가 울고

〈
사이키 조명이 없는 곳에도
종아리 근육을 위해서도
몸의 균형을 위해서도

잊고 살던 까치발

안부

자야 순아 옥아
한 집 건너 한두 명
여자는 그저
살림만 잘하면 된다던

손만 잡고 걸어도 흉이 되던
먼빛으로 가슴만 태우다가
매파의 말만 믿고 덥석

출가외인이란 이유 하나로
강산이 몇 번이 바뀌어도
줄 끊어진 연이 되었나

어느 별로 갔을까
그 시절 누님들
꽃처럼 피어난다 아스라하다

병상에서

아가미로 숨을 쉬는 물고기

물을 먹고 살면서
코로 숨을 쉬는 것은
물속에 살지 않기 때문

산악인이 고산에서 겪는 고산병
환자가 써야 하는 산소마스크
펄에 박힌 침목의 무게다

탄소중립의 길은 까마득한데
장마 가운데 중형급 태풍
서남쪽으로 살짝 진로를 틀었다

한 뼘 관계

이유 없이 피는 꽃 없고
이유 없이 지는 꽃 없다

네 살배기 손주 녀석, 뛰고 달리고 매달리고

티 없이 맑은 얼굴 그 미소
무슨 말인지 알 수 없는 나름의 언어들
온종일 쫑알대는 모습 사무치게 그리워도
헤어지면 그립고 만나보면 시들하다는 말

조금 더 일찍 안겨줬으면
아니, 조금 더 젊었더라면

품속에서 꼬물대며
옹알이하던 우리 손주
어느새 훌쩍 자라 어린이가 된 것 같다

제 의사를 전달할 수 있을 때면
해마다 한 뼘씩 멀어질 관계

아직은 골 깊은 주름까지
쌍수로 환호하는 귀여운 강아지

비는 내리고

십여 년 전 언뜻 재회하고
병석에 누웠다는 소식 접한 후
사적인 일로 빗속 방문인데
굳이 승용차로 마중하신 형

우리가 만나면 몇 번이나 더 만날까
비 오는 날이나 밤 운전 맹세코 않지만
오늘만은 예외라고 서로 얼굴 마주 보고
따뜻한 손 한 번 잡는 걸로 족하다고

비가 내리는 날이면 어둠은 빨리 온다
맞잡고 놓은 손 아직 온기 여전한데
곧게 뻗은 길 위 고속으로 내닫는 버스
긴장된 기사 마음 표정으로 읽힌다

흐릿한 차창 너머 검정 교복에
높을 高 쓰인 검정 모자 눌러쓰고
흰 바탕에 검정 글씨로 새긴 명찰 단
훤칠하게 잘생긴 형의 모습 아른댄다
〈

밝은 표정으로 반갑게 맞이하는
사십 대 중반
인자하신 내 어머님 모습
외로운 집 안이 왁자지껄 환하게 밝다
창밖에 휘둘리던 빗물
내 무릎 위로 뚝 떨어진다

봄의 부재

먼빛으로도 느낄 수 있는
봄의 입김은
토라진 시어머니 음성인 양
메마른 수풀 아래 온기를
숨죽여 키우던

지천에 휘늘어진 버드나무
바람 붙들고 그네를 타네
교방에 명기 교태를 부리듯
가는 허리 이리저리 흔들고 있네

뜰 앞에 동백 젖몸살 앓으면서도
벌거벗은 몸
햇살 한 줌 얻어먹고
붉게 붉게 피는데
굳게 닫힌 Z의 망울 언제 터지려나

봄 한 분

화공의 붓이 지나간 자리에
매화 향기 찍는다

노란 산수유, 개나리
연두 바람 맞는다

길게 늘어선 천변 따라
나물을 캐는 사람들 비닐봉지에
중천에 뜬 봄 가득하다

알을 깨고 나온 새처럼
날개를 퍼덕인다

욕심껏 훔쳐도 끝없이 내어주는 계절

오래오래 간직할 봄을 한 분을 샀다
거실이 환하다

무심코 창문을 열다가 아이 깜짝이야

뜰 앞에 동백이 환하게 웃고 서 있다

알 것 같다

도시민의 파발마
숨 가쁘게 달려와 등 내민다
말안장에 앉다 깜짝
맨살로 자갈마당
불만이 고개를 든다

아하

알 것 같다
몸에 꽉 끼는 청바지 입고
엉덩이 터질 듯 빵빵하게
방석이 되어주던 살집
그 집이
뼈대만 남았다는 걸

어색해서 피하던 경로 우대석
자신도 모르게 털썩 앉은 것은
세월이 내어준 계급장 같은 것

올곧게 수직으로 딱 떨어지던

봉제선 칼주름 행여 구길까
양다리 태산같이 버티며
한껏 젊음을 과시하던 엊그제

무심도 하지
전철을 타고 가는지
구름을 타고 가는지
달리는 말굽 소리에 무상을 얹는다

눈 녹듯

설친 잠 창밖에 쌓인다

주차된 자동차
앙상한 나뭇가지 휘도록 소복한 흰 눈처럼

먹구름 쏟아낸 어둠의 무게만큼
터질 듯 끓어오르는 분노만큼
4박 5일 내려라

떨어진 잎새들 하늘로 오를 수 없어
비바람에 곱게 삭아 자연 거름이나 될까

추악한 그림자 멱살 잡고
오는 봄 막겠다며 호령이다

철 이른 봄에 내리는 메마른 땅 단비라도
불쏘시개는 될 수 없지
바람은 거세어지고 애꿎은 낙엽들만 바스러진다

소한 절기에 백설이 분분하다
한 척이 내려도 사흘이면 녹을 눈

눈부시게 빛난 적 있었던가

새 아파트 이사하며 심은 묘목
꼬맹이 어린것들과 함께 자라서
어느 세월 거목이 되었다

함부로 범접할 수 없는 나무

모두가 다양하게 제빛을 뽐낼 때
오직 노란 단색만을 고집했다

과일이 아니라고 밟으면 독이라고
경고를 무시하고 발밑을 탓하다가
밥상에 오르면 귀한 대접 받는다

무병장수 수백 년 세월 견디면
마을의 수호수로 보호도 받지만

너나 나나 언제나 그 자리인데

감돌아 흐르는 건 한기뿐

석양에 비친 단풍 숨 막히도록 황홀하다

유월

나비의 그늘로 숨어든 술래
행적이 묘연하다

씻기고 깎인 세월의 흔적
골짜기마다 피 울음으로 번져도
손가락 하나면 가려지는
아이러니가
아우슈비츠에서 웃고 있다

나는 새도 밤이면 둥지를 찾는다

선 채로 고목이 된 어미가
기어이 검은 눈물바다에
배 띄워 떠났는데

언제 올까

천둥 속에 꽃은 피고
부활의 찬양 열리는
눈물도 향기로운 유월

화선지에 떨어진 말

새하얀 화선지 위
먹물 한 방울 뚝
결 따라 구름처럼 번진다
붓을 들 때도
말을 할 때도
진중해야지
떨어진 먹물은
지울 수도 담을 수도 없다

법정원에 화선지 깔아놓고
비친 달그림자 두고
명작이라 하고 태작이라 다툰다

동이 트면 달도 별도 지고
새하얀 화선지 환하게 반길 것을

애꿎은 먹물 함부로 쏟지 마라

달빛 한가득

복사꽃 얼룩진 분홍 자리에
고향집 대청마루 도란거린다

작은 바람에도 댓잎처럼 흔들리고
실개천 물소리에 젖기도 하는
쓸쓸히 그림자 지는 곳

그윽한 눈길 하나로
보이지는 않으나 느낄 수 있는

얼굴 붉어지던 이심전심

더불어
순간 이동이 가능하며
변덕이 죽을 쑨다 해도

형체도 없는 것이 못 할 게 없고
밤마다 짓고 허물어도
고요하기만 하다

꽃이 지고 있다

한순간 화려하게 빛나더니
날마다 봄인 줄 알았더니
꽃은 지고 숲만 무성하다

은빛 물살 힘차게 거슬러
신천지 개척하고 잡은 터
원래 네 것도 내 것도 아닌 것을

바람에 날리는 것은 꽃잎이 아니라
날마다 짙어지는 시간의 그늘이다

찌들어 메마른 땅 어설프게 피워 낸
생기 잃은 꽃밭에
느닷없이 어둠이 찾아들면
바람을 앞선 등불이 꿈속을 밝히려나

밤공기는 무겁다

단위로 환산 불가한 무게
밤마다 삼라만상이
이불 속으로 파고들었다

야트막한 야산에 오르면
골짜기 아래 갇혀
웅크리고 있는 운무

피어오르고 싶은 욕망 잠재우고
기다리는 시간

동산에 해 뜨면 흩어질
흔적 없는 삶이다

지천명 지나고 상수 맞으면
앉아 천 리 서서 만 리 본다고

무엇이 두려우랴

눈 귀 어둡고 걷기 불편해도

老仙이면 신선도 부럽지 않다

스치는 빛으로도 읽을 수 있고
공기 무게로도 느낄 수 있다

감추고 드러내지 않는 것 수양
밤낮이 다른 무게 내려놓고
쓰러지자 들풀처럼 누워보자

꽃은 꽃일 뿐

꽃보다 더 예쁜 꽃
생이라고 같은 생이 아니듯
결실해도 같은 수확은 아니다

강보에 싸인 꽃 곱게도 피었다
소리 없이 미소 짓는다

꽃들은 향기로 유혹하고
바람으로 부르지만
아가는 옹알이로 유혹하고
울음으로 배고픔을 전한다

흔들려야 피는 꽃이 어디 너뿐이랴
토닥이는 손길에도 잠이 들었다
밤에는 달빛 흘러와 밝혀주고
낮에는 아낙들의 수다에 귀를 연다

제자리에서 꿈꾸는 꽃이여
날마다 바람은 나를 흔드네
〈

바람 없어도 천 리를 가는 향기

세상에 제일은 꽃이라고 하지만
꽃보다 더 예쁜 꽃 아가 꽃
방긋방긋 미소 짓는 꽃

■□ 해설

아픔을 통과한 현실 세계에서 바라본 희망

문정영(시인)

　시는 왜 쓰는가? 특히 서정시는 시인 자신이 체득한 경험에서 얻은 기억과 통증 그리고 그리움을 담는다. 그 안에는 지나온 현실 세계가 아득하게 남아 있고, 그걸 펼치면서 시인의 내면에 각질처럼 존재하는 기억의 지문들을 들추기도 하고 새기기도 하면서 또 지우기도 한다. 시쓰기는 어쩌면 시인 자신의 카타르시스를 위한 하나의 방식이 될 수도 있다. 같은 공감대를 가진 독자 또한 아픈 내면의 세계를 반추해 읽으면서 묵힌 감정을 해소할 수 있을 것이다.

　제해석 시인은 대상에 대한 섬세한 관찰과 따듯한 사랑으로 한 편 한 편의 글을 썼다. 이 시집의 전체적인 의미망을 조합해 보면 1. 이념에 대한 시(가족사)로는 「초복의 심사」, 「일단정지」, 「유월」, 「그 무덥고 긴긴 여름날」 등. 2. 인간의 삶과 죽음으로 맞물려 있는 시로는 「장미의 미말」, 「나비의 도정」, 「숨」 등. 3. 순수한 자연의 모습(아이들 모습 포함)으로 자연스럽게 끌어낸 시편들로 크게 나눌 수 있다.

그 시편들을 중심으로 읽으면서 시인이 추구하는 '눈부시게 빛난 적 있었던가'를 가볍게 더 가볍게 찾아가 보자. 그리고 시인의 그냥 건널 수 없는 내면의 봉인을 풀어보자.

   1.
   한 뿌리에서 태어나도
   작명에 따라 운명은 정해졌다
   판사 의사 농부 노동자
   수많은 직분에 따라 한생을 살고 간다
   너는 무엇으로 살았는가
   항로 잃고 표류했던 난파선 같은 삶
   세상을 밝히기 위한 촛불 같은 삶
   세상의 젖은 것 더러운 것

> 가리지 않고 어느 한 세월
>
> 만신창이 된 몸
>
> 누가 아랴
>
> 네 삶의 무게를
>
> 젖고 마르기를 지켜본 바람과 햇볕만이 안다
>
> 아직도 낡은 타월 제 몸 말릴 틈이 없다
>
> ― 「타월의 생」 전문

「타월의 생」에는 젖은 타월처럼 긴 생을 살아온 제해석 시인의 삶이 녹아 있다. 시인은 어린 시절 6.25 전쟁 중 아버지를 여의었다고 한다. 아버지가 어떻게 세상을 떠났는지는 이 시에 구체적으로 드러나지 않지만, 다른 시편들을 통해 유추해 볼 수 있다. 아버지의 부재는 시인의 삶에 깊은 그림자를 드리웠고, 이는 시 속 "젖은 타월 같은 삶"이라는 은유로 표현된다.

시인은 여전히 마르지 않은 타월을 몸에 걸친 채 살아가고 있으며, 이 시집은 그런 자신의 생을 세상에 고백하는 진술로 읽힌다. "만신창이 된 몸"으로 시인은 묻는다. "누가 아랴/ 네 삶의 무게를" 삶의 고단함을 함께한 것은 다름 아닌 바람과 햇볕이었다. 시인의 젖고 마른 시간을 지켜봐 왔기 때문이다. 시인은 여전히 "아직도 낡은 타월 제 몸 말릴 틈이"이 없지만 "젖고 마르기를 지켜본 바람과 햇볕"은 시인의 젖은 마음을 위무해 줄 것이다.

    찜통더위 속 삼계탕집이 북새통이다
    더위에 건강을 지키겠노라고
    가족을 대동하고
    황급히 달려가서 받은 번호표

    아버지 기일과 맞물린 이맘때
    어린 손에 받아 든 수감 번호 몇 번이었을까
    전란의 회오리 속에서 영문도 모른 채
    닭장 속으로 끌려간 아버지
    이열치열이라고 날씨보다 더 뜨거운 뚝배기
    그들은 어떻게 견뎌냈을까

    -하략-

- 「초복의 심사」 일부

시의 배경은 찜통더위가 기승을 부리는 초복 무렵이다. 시인은 삼계탕집의 북새통 속에서 가족과 함께 받은 번호표를 통해 과거로 회귀한다. 초복의 그날은 아버지의 기일이었다. 어린 시절, 전란의 회오리 속에서 이유도 모른 채 닭장 같은 수용소로 끌려간 아버지. 시인은 그 기억을 더듬으며, 당시 어린 손에 받아 들었던 번호표를 떠올린다. "어린 손에 받아 든 수감 번호 몇 번이었을까" 하는 질문으로 시인은 아버지가 겪었던 고통에 잠시 감전되는 것이다.

「그 무덥고 긴긴 여름날」이라는 시에서도 이러한 기억은 반복된다. "청춘들은 맨살로 무기"가 되었고, 그들의 죽음은 꽃으로 피어 이 땅을 헤매고 있다. 그 누구도 되돌아보지 않은 북쪽을 아직 헤매고 있다.

「유월」에서는 선 채로 고목이 된 어머니의 이미지가 등장한다. 고목은 아버지에 대한 애절한 그리움의 상징이다. 시인은 그런 어머니를 어린 시절 지켜보았고, 그 기억은 시인의 내면에 깊이 각인되어 있다.

2.

할아버지 얼굴이 대춧빛보다 붉다

날이 얼마나 가물려고

걱정과 한숨이 먼저 서낭당고개를 넘어간다

별을 밀어낸 전등불이 세상을 밝히고

서쪽 하늘에 오로라처럼 빛나던 붉새

어디로 날아갔을까

첫닭 우는 소리 새벽을 열면

별을 보고 계절을 읽던 귀에 익은 음성

-하략-

- 「붉새」 부분

이 시에서는 할아버지에 대한 그리움이 절절히 묻어난다. 대춧빛보다 붉은 얼굴, 서낭당고개를 넘는 걱정과 한숨, 그리고 오로라처럼 서쪽 하늘에 빛나던 붉새. 할아버지는 시인에게 붉새로 상징되며, 할아버지의 존재는 새벽을 열고 계절을 읽어내던 음성으로 회상된다. 시인은 할아버지에 대한 기억이 시에 종종 나타나곤 하는데, "서쪽 하늘에 오로라처럼 빛나던 붉새/ 어디로 날아갔을까"라는 구절을 통해 존재의 부재 속에서도 남아있는 따뜻한 감정을 전한다. 시인의 할아버지에 대한 기억은 좀 남다르지 않을까 싶다. 하여 할아버지를 "붉새"라고 표현하였는데 "서쪽 하늘에 오로라처럼 빛나던 붉새/ 어디로 날아갔을까"라며 할아버지에 대한 그리움을 표출한다.

어린 나이에 아버지를 잃은 시인에게는 「유수지의 봄」이라는 시에서 "사월의 함성이 일어"나기도 한다. 사월의 버드나무마저 꽃가루를 휘날리며 민초들 의식을 깨우는 장면으로 보이는 것이다 "인간이 버린 양심 감싸안고/ 사월이 부활"하기를 간절히 바란다.

급성 녹내장으로 밤을
하얗게 새운 이튿날 백내장 수술받았다

〈

안대 벗으면 밝은 눈으로 독서 마음껏 즐기리라

간절한 기대는 산산조각
이제나저제나 긴 시간과 사투를 벌이고 있지만
사물과 사물 사이 측정 불가다

만취한 취객 비틀대며 제집 대문 찾지 못하듯
젖은 숲속 달팽이 눈보다 더 어둔 시선으로
희망을 더듬으며 산다

이따금 실려 오는 가을 향기
장미의 정원 망초대 만발한다

시각과 후각을 집중하여
선의 중심 잡는다

빛을 피해 한쪽을 열면 한쪽은 절로 닫힌다

화선지 펼쳐놓고 감긴 눈에 묻는다

어느 길이 선이고 어느 선이 길이냐고

기다림의 시간이 길어져도
기적 같은 광명의 그날을 믿는다고

- 「선이 깨어지면」 전문

「선이 깨어지면」이란 시에서는 급성 녹내장을 앓게 된 시인의 시력 상실과 그것으로 인해 생겨난 실존적 고뇌를 다룬다. 급성 녹내장과 백내장 수술 이후, 시인은 빛과 어둠 사이에서 갈팡질팡하는 감각을 겪는다. 그가 느끼는 "사물과 사물 사이 측정 불가"의 거리는 단순한 물리적 상실을 넘어, 존재의 방향을 잃은 상태를 상징한다. 그러나 시인은 "젖은 숲속 달팽이 눈보다 더 어둔 시선"으로도 "희망을 더듬으며 산"다. 화선지를 펼치고 눈을 감은 채 묻는다. "어느 길이 선이고 어느 선이 길이냐고." 시인의 시적 사유는 철학적 깊이를 머금으며, 고통조차도 예술적 성찰의 대상으로 끌어올린다.

「숨」이라는 시에서는 삶과 죽음에 대한 시인의 인식이 담담하게 드러난다. 그는 "죽음은 참 가볍다"라고 말한다. 한순간 숨이 멎는다는 이유만으로 생은 주검이 되기 때문이다. 그래서 우리는 "한시도 쉬지 않고 숨을 쉬어야 한다"라고 강조한다.

「나비의 도정」이라는 시에서는 인생 여정의 다양성과 복잡성을 "논틀길, 오솔길, 자드락길…"이라는 구체적인 이미지로 풀어낸다. 시인은 삶을 다양한 길로 비유하며, 그 길 위를 걷는 존재들의 고유한 사연을 조용히 응시한다.

3.
정원에서 들리는 엿장수 가위 치는 소리

까치가 나에게 메시지를 주기 위해
아침부터 난장을 치나

눈 감은 채 가만히 귀 기울여보니
주방에서 달그락거리는 소리

아내가 아침밥 짓는 소리

두 눈 감고도 척척 읽어내는 따뜻한 소리
 - 「까치 소리에 잠을 깨다」 전문

이 시는 일상의 서정을 잘 보여주는 작품이다. 까치 소리를 엿장수 가위 소리에 비유하며, 시인은 아침의 정경을 감각적으로 그려낸다. 아침마다 들려오는 "아내가 아침밥 짓는 소리"는 힘든 삶을 지나온 시인에게 평온과 치유의 시간일 것이다. 삶의 고통과 상실을 경험해 온 시인에게 이 순간들은 소소한 기쁨이자 감사의 장면으로 전환된다.

　「계단」이라는 시에서도 시인의 사유가 담긴 멋진 시구를 발견할 수 있는데 "오늘 하나를 버리고 또/ 내일은 하나를 지우고 살아오면서 켜켜이 쌓인 먼지까지 털어내고" 살아가고 싶은 시인의 해탈 의지가 시에 고스란히 담겨 있다.

　　이유 없이 피는 꽃 없고
　　이유 없이 지는 꽃 없다

　　네 살배기 손주 녀석, 뛰고 달리고 매달리고

　　티 없이 맑은 얼굴 그 미소
　　무슨 말인지 알 수 없는 나름의 언어들
　　온종일 쫑알대는 모습 사무치게 그리워도

헤어지면 그립고 만나보면 시들하다는 말

조금 더 일찍 안겨줬으면
아니, 조금 더 젊었더라면

품속에서 꼬물대며
옹알이하던 우리 손주
어느새 훌쩍 자라 어린이가 된 것 같다

제 의사를 전달할 수 있을 때면
해마다 한 뼘씩 멀어질 관계
아직은 골 깊은 주름까지
쌍수로 환호하는 귀여운 강아지

− 「한 뼘 관계」 전문

   젖은 수건 같은 생을 살아온 시인에게도 틈틈이 기쁜 일들이 있는데, 그것은 손주를 보는 일이다. 시인은 손주의 옹알이, 앙증맞은 행동, 해마다 자라나는 모습에서 인생의 관계가 '한 뼘씩' 멀어짐을 체감한다. 그런데도 손주와의 시간은 시인에게 큰 기쁨이자 위안이다.

또 다른 「관계의 정의」라는 시에서, 시인은 결국 생각의 창을 열어놓고 세상과 동행하려 한다. 그는 손주와의 관계 속에서도 자신이 "넉넉히 잡아주고 동행하는 몸"이 되고자 한다.

지금까지 제해석 시인의 작품을 읽으면서 시인이 가진 시세계를 상징과 서정성, 그리고 현실적 경험을 유기적으로 연결하여 보았다. 그리고 시인의 내면을 보다 더 깊이 있게 조명한 행간들과 즉감이 있는 생활에서 가져온 생생한 생동감도 엿보았다.

시인이 보내온 몇 점의 그림과 글씨를 보면서 내면의 세계를 평화롭게 다스리고 있는 모습을 보았다. 산다는 것 자체가 고뇌이고 아픔이며 그 과정을 통하여 시인은 세계를 더 확장하고 깊게 파고든다.

제해석 시인은 시와 그림 그리고 글씨를 통하여 내면의 평화를 이루고 있는지도 모른다. 한 편 한 편 시인이 체득한 언어와 감성으로 묶은 이번 시집이 독자의 공감대를 얻을 것이라 본다. 세상의 이치는 결국 어려운 것이 아니다, 그리고 난해한 시어로 시를 쓰는 것이 아니다. 가장 깊은 것이 가장 가벼우며 무거운 것이다. 이번 제해석 시집의 행간의 깊이와 넓이가 그렇다.